CATALOGUE
D'ESTAMPES

ANCIENNES & MODERNES D'ARTISTES

LITHOGRAPHIES & EAUX-FORTES RARES

EXÉCUTÉES PAR ET D'APRÈS

RAFFET

COSTUMES MILITAIRES

FRANÇAIS ET ÉTRANGERS

PORTRAITS, CHEVAUX,
OUVRAGES A FIGURES, LIVRES, etc.,

DONT LA VENTE AUX ENCHÈRES PUBLIQUES AURA LIEU

Par suite de son Décès,

HOTEL DES COMMISSAIRES-PRISEURS
Rue Drouot, Salle n° 3

AU PREMIER ÉTAGE

Les Lundi 14 et Mardi 15 Mai 1860, à 1 heure

Par le ministère de Mᵉ **DELBERGUE-CORMONT**, Commʳᵉ-Priseur,
rue de Provence, 8,

Assisté de **M. VIGNÈRES**, marchand d'Estampes, rue de la
Monnaie, 13, à l'entresol, entrée rue Baillet, 1,
Chez lequel se distribue le Catalogue.

EXPOSITION PUBLIQUE
Le Dimanche 13 Mai, de 1 heure à 4 heures.

PARIS
RENOU & MAULDE

IMPRIMEURS DE LA COMPAGNIE DES COMMISSAIRES-PRISEURS
Rue de Rivoli, 144.

1860

Le Catalogue des Études peintes, Dessins et objets d'atelier,
dont la vente se fera les 10, 11 et 12 Mai, se distribue chez
M. Petit, expert, rue de Provence, 43.

ORDRE DES VACATIONS.

LUNDI 14 MAI, PREMIÈRE VACATION.

On commencera par le n° 64 en suivant l'ordre du catalogue jusqu'à 146.

A 3 heures, les œuvres de M. RAFFET, de 1 à 63.

MARDI 15 MAI, DEUXIÈME VACATION.

Du n° 147 à la fin, en suivant l'ordre.

CONDITIONS DE LA VENTE

Au comptant.

Cinq pour cent en plus des enchères applicables aux frais.

Tous les lots comprenant plusieurs pièces ne formant pas
suite complète pourront être divisés.

M. VIGNÈRES, faisant la vente, se charge des commissions.

NOTA. Toute commission sans prix fixé ou sans limite déter-
minée sera regardée comme nulle.

M. VIGNÈRES se charge de faire marquer les prix aux Catalogues des ventes qu'il a faites. Les personnes qui le désirent
peuvent s'adresser à lui *franco*.

Plusieurs amateurs éloignés en ont reconnu l'utilité pour
les guider dans leurs achats sur les valeurs des Estampes.

Pour rendre service aux personnes ayant le goût des Arts
et des Collections, MM. les Amateurs qui reçoivent des
Catalogues sont priés de les communiquer à leurs amis.

RAFFET (Denis-Auguste-Marie), né à Paris le
1er mars 1804, décédé à Gênes le 16 février 1860.

Habile tourneur en bois, sa vocation pour l'art le fit
entrer, vers l'âge de 19 ans, chez un peintre sur porce-
laine.

En 1824, il travailla chez Charlet, qui devina ses fu-
turs succès; en 1829, il fut à l'atelier de Gros, qui re-
connut bientôt ses éminentes qualités d'artiste.

Vers la fin de l'année 1825, il fit ses premiers essais
lithographiques; plus tard, son nom se popularisa par
une série d'albums où l'on distingue le *Siége d'Anvers,*
la *Revue nocturne,* chef-d'œuvre d'exécution et de poé-
sie; la *Retraite* et la *Prise de Constantine,* le *Voyage
dans la Russie méridionale et la Crimée,* et enfin le
Siége de Rome.

Par ses illustrations d'ouvrages de librairie, il a élevé
ce genre au rang de la peinture d'histoire; certaines
scènes de la Révolution, de l'Empire, de l'Algérie, de
l'expédition des Portes de fer sont autant de tableaux.

Il préparait un album sur la dernière campagne d'I-
talie et un voyage en Espagne, quand la mort est venue

glacer sa main si jeune et si ferme, et qui avait encore tant de choses à faire.

La modestie l'empêchait d'attacher un grand prix à ses peintures et dessins, qui, d'ailleurs, étaient tous retenus à l'avance. Aussi les artistes et les amateurs auront-ils une idée des soins et de la conscience qu'il apportait dans ses travaux, par quelques eaux-fortes et lithographies inédites qu'il ne jugeait pas assez bien réussies pour les terminer ou les livrer à l'éditeur, et par une suite d'études et ébauches peintes, aquarelles, dessins à la plume, etc., provenant de son atelier, et qui viendront jeter un nouveau jour sur le talent de ce grand artiste.

DÉSIGNATION
DES ESTAMPES

LITHOGRAPHIES & EAUX-FORTES
Exécutées par et d'après M. RAFFET.

1 **Raffet.** Uniformes français, lithog., publiés par — *25,75.*
Frérot. 43 costumes différents. Nombre sont ép.
d'essai. Très-rares. Ce numéro pourra être divisé.

2 — Cinq costumes de la même suite, coloriés. — *1,25.*

3 — Sujets tirés de divers albums. Titres 1836- — *8,25.*
1837. Les bonnes petites filles, instruction publi-
que. Sujets militaires, etc. 9 p.

4 — Bataille mémorable d'Ayacucho, au Pérou, — *28.*
1824. Imp. avec ton. Rare.

5 — Bataille de Maipu, gagnée sur les Espagnols en — *23.*
1818. Rare.

6 — 1826. Bataille de Fleurus, tirée de l'ouvrage — *16.*
d'Arnaut. Avant la lettre.

7 — La Communion des Grecs à Missolonghi. Rare. — *15.*

8 — Prise d'Alger, combat de Français contre les — *44.*
Arabes. Essai non terminé et non publié. Extrêmement rare.

9 — Prise d'Alger, autre combat de Français contre — *41.*
les Arabes, même composition avec changement.
Dimension réduite terminé, avec tête de grenadier à l'encre lithog. dans la marge à gauche.
Non publié. Extrêmement rare.

40 — 9 bis — Portrait de **M.** Dupont, naturaliste. Lithog. in-4. Rare.

12 — — Portrait de **M.** Aimable Gihaut. Lithog. petit in-4 sur chine. Rare.

11 — — Portrait de M. Audoyer, auteur de la méthode
11 - Bertin. américaine pour apprendre à écrire en 25 le-çons; in-4 chine. Ép. avant la lettre. Rare.

16 —10 — Analyse de la pensée. — Grande revue passée
9,50 — par la *Caricature*, 30 octobre 1832. 2 p. tirées du journal la *Caricature*.

31 - 11 — C'est là la grande revue
Qu'aux Champs-Élysées,
A l'heure de minuit,
Tient César décédé. — (Sedlitz, poëte alle-mand.) Très-belle épreuve sur chine.

60 - 12 — Retraite du bataillon sacré à Waterloo, 18 juin
51 1815. Belle ép. d'une pièce rare, la pierre étant cassée.

11 -13 — Episode de la campagne de Russie, d'ap. Charlet. Pour l'Artiste.

12 - 14. — Infanterie polonaise marchant à l'ennemi, 1813. Belle ép. chine, non publiée.

9 - 15 — La même, sur blanc. Non publiée.

34 - 16 — Le Réveil. Première et superbe ép., avec le filet à 5 millim. du bord du sujet. Ep. chine. Avant les vers. Très-rare.

16,50 -17 — Le Réveil. La caisse sonne étrange,
Fortement elle retentit;
Dans leur fosse en ressuscitent
Les vieux soldats péris.
Ép. avec le filet, à 13 millim. du bord du sujet. Avec les quatre vers. Sur chine coupé au ras du bord. Tiré à 50 ép. seulement.

7,50 -18 — Le Réveil, avec le papier de Chine contenant
10 — les vers.

19 — Le duc d'Aumale, 1843, en pied, en avant de son état-major. — Combat d'Oued-Alleg, 1839. 2 p. ép. chine.

20 — Maule, colonel des Highlanders, 79e régiment Gibraltar, 1847, en pied. Ep. avant la lettre chine. Rare. Non publié.

21 — Le même, avec fac-simile de signature, sur papier Wathman collé pour colorier le costume. Rare. Non publié.

22 — Le baron Alfred de Marches, décédé à Rome en 1849. En pied, couché sur son lit de mort. Ep. chine. Très-rare. Non publié.

23 — M. Scellier, la tête posée sur l'oreiller de son lit de mort. Sur chine. Rare. Non publié.

24 — Napoléon à cheval. Pour la petite affiche de l'Histoire de Norvins.

25 — Les Compagnóns du tour de France, avant la lettre. Pour affiche de l'ouvrage de G. Sand.

26 — Napoléon, général, en Egypte. Affiche avec son texte, imp. sur papier jaune. Rare.

27 — Affiche de la Sainte Bible. Extrêmement rare.

28 — Aigle, 10 mai 1852 (drapeau réduit au onzième), pour le 33e régiment de ligne. Colorié, rehaussé d'or.

29 — Titre pour la distribution des aigles, le 10 mai 1852, lithog. par Forgues, d'ap. Raffet. Ep. sur blanc. Très-rare.

30 — Le même, ép. sur chine. Très-rare.

31 — Portrait du maréchal de Saint-Arnaud, en pied. Chine.

32 — Tirailleur-grenadier, sergent. Rehaussé de couleur sur ton.

33 — Ponce de Balagner, chevalier croisé venant de planter son poignard dans la porte Bab-Azoun, lithog. par Guérard, d'ap. Raffet. Ep. avec ton. —

— Calendrier indicateur général, 1833, avec vignette gravée par Alès, d'ap. Raffet. 2 p.

34 — Illustration de l'armée française, de 1789 à 1832, d'ap. Léon Cogniet et Raffet, lithog. par Llanta et Midy. 20 p. Coloriées.

35 — Etudes de Lavis et estompe, 1842. Soldat républicain, Grenadier garde imp., Chasseur d'Afrique, Tirailleur en Russie portrait et Tartare. 4 p. Extrêmement rare.

36 — Croquis à **l'eau forte**. Sauvage et tête de mort. — Scène d'ivrogne. Jeune dessinateur, etc. —Scène populaire. Turc au galop au-dessus d'une grosse femme, etc. 3 p. sur chine. Très-rares.

37 — Séance royale, vignette pour la révolution. Non publiée. 1re ép. avant les traits carrés et avant la signature. Très-rare.

38 — La même, avec les traits carrés et la signature, 1833. — Le même sujet, contrepartie par Dutilois, chine. 2 p. Très-rares.

39 — Le jeu de Paume, ép. sur chine. — Le même sujet, gravé à l'eau-forte par Frilley, chine. 2 p. Très-rares.

40 — Affaire Saint-Roch, 13 vendémiaire 1795, avec croquis dans les marges. Très-rare.

41 — Bataille d'infanterie (Jemmapes), avec croquis dans les marges. Très-rare.

42 **Raffet** (d'ap.). Vignettes pour la Révolution et l'Empire, publiées par Furne et Moutardier. 20 p. Avant la lettre et avec la lettre. Chine.

43 — Vignettes du même ouvrage. 21 p. avant la *14*
lettre. Grand papier blanc fort.

44 — Les Adieux de Louis XVI à sa famille. Sup. *2,50*
ép. avant toute lettre, sur chine. Grand papier.

45 — Prise de la Bastille, eau-forte pure et terminée. *9*
— La dernière Charrette. — Enrôlement volon-
taire. — Massacre dans les prisons. — Défaite des *2 pièces. 3*
sections, 13 vendém. 1795. Ces 4 p. sont avant et
avec la lettre et avec différences. En tout 13 p. *6,75*
Pourra être divisé.

46 — Vignettes en hauteur pour la révolution, pu- *14.*
bliées par Furne. — Serment du Jeu de Paume.
— Peuple aux Tuileries. — Peuple à la Conven-
tion. Ep. avant et avec la lettre. 6 p.

47 — Vignettes pour Napoléon en Egypte, publié *7,50*
par Perrotin. 6 p. avant et avec la lettre. Chine et
blanc.

48 — Naissance de Napoléon, pour Norvins. Sup. ép. *2,25.*
avant toute lettre. Grande marge. (Allégorie.)

49 — La Saint-Barthélemy. Sup. ép. chine. Très- *3,75*
grand papier.

50 — La même. sur blanc. Très-grand papier. *1,50*

51 — Histoire d'Espagne. 3 p. avant la lettre (Furne). *3.*

52 — Vignettes pour Paul de Kock, 16 p. avant la *13.*
la lettre et ép. d'artiste, chine et blanc. Grand papier (Barba).

53 — Vignettes pour la Restauration, de Montgail- *5,50.*
lard. 6 p. avant la lettre, chine. Grand papier.

54 — Les mêmes. 7 p. Blanc et chine avant la lettre. *8,75*
Grand papier.

55 — Vignettes pour la Némésis. 2 p. *2.*

3,50 — 56 — Vignettes pour Chateaubriand, de Pourrat, Napoléon, sur chine avant toute lettre. Grand papier, Sup. ép.

1,50 — 57 — Le même, sur blanc avant toute lettre. Grand papier.

2,50 — 58 — Jeanne d'Arc. Sup. ép. avant toute lettre, blanc. Grand papier.

1,25 — 59 — Atala, Chine avant la lettre. Grand papier.

1,50 — 60 — Bayard. Avant toute lettre, blanc. Grand papier.

2,50 — 61 — Les mêmes. 6 p. avec et avant la lettre.

5,75 — 62 — Vignettes pour Walter Scott, Pourrat. 4 p. avant toute lettre. Chine et blanc. Grand papier.

2,50 — 63 — Esmeralda. Sup. ép. avant la lettre. Chine.

ESTAMPES

Par divers Maîtres.

3— 64 **Adam** (Victor). Portraits de chevaux. 7 p,

3,75— 65 Artistes modernes. Daubigny, Lemud, Rousseau, etc. 8 p.

5— 66 **Bellanger.** Costumes militaires coloriés. Gardes impériale et royale. 28 p.

4,25— 67 — Blessés polonais sabrés par des Russes, 1832. Sup. ép. chine avant la lettre. Batailles de l'Empire. 14 p.

1— 68 **Bellay.** Hanau, Valmy. 2 p. lithog. d'après H. Vernet.

18— 69 **Bonnington.** Châteaux d'Écosse. 12 pl. lithog. chine. Edition de Colnaghi. Rare.

70 **Bosse** (Ab.). Le graveur. L'imprimeur. 2 p. — *13*
très-belles.

71 — Noce. Coucher de la mariée. Repas. Enfant *3, 25*
prodigue. Mort du riche. Donner à boire. 5 p.

72 — Costume de seigneur montant l'escalier, d'ap. *2, 25*
Saint-Igny.

73 **Bromley**. La grande attaque de Valenciennes, *3, 50*
par le duc d'Yorck, en 1793, d'ap. Loutherbourg.
Rare.

74 **Bruno**. Anatomie du cheval. 16 pl. et 2 feuilles *2, 50*
de texte. 9 pièces sont coloriées.

75 **Callot**. Les Mendiants. 25 p. Bonnes ép. — *5.*

76 **Charlet**. Portrait de M. Canon. Croquis à la *20*
plume non terminés. Premières pensées non ter-
minées. Pièces avant la lettre. Rares. 10 p. Pourra
être divisé.

77 — Costumes militaires à la plume, coloriés. 8 p. *10, 50*
dont le n° 27 rare.

78 — Costumes militaires ex-garde. 8 p. Lasterie et *10.*
autres.

79 — Costumes d'officier et grenadier, garde impé- *6*
riale. Ep. d'essai avant les fonds changés par Raffet. 2 p. Rares.

80 — Sujets d'albums divers. 29 p. — *6.*

81 — L'intrépide Lefèvre. C'est mon père. Infanterie. *7.*
Voltigeur et carabinier. Au commandement de
halte. 5 p.

82 — Croquis à la manière noire. 6 sujets politiques. *2, 50.*

83 — Suite de dessins à la plume à l'usage des écoles *25*
polytechnique et autres. 52 p. sur chine et texte. *3, 50*

84 — Pièces rares de la même suite. Premières *10.*
pensées non publiées. Catal. Lacombe, n. **1028,**
1032, 1044, 1057 à 1060. En tout 7 p. sur chine.

85 — L'Empereur et la garde impériale. 45 p. coloriées. Deux sont en noir.

86 **Collette,** d'ap. Pérugin. L'Ascension du Christ.
Ep. chine.

87 **Debucourt.** Les Courses du matin ou la Porte
d'un riche.

8 **Decamps.** Grands sauteurs, n° 15 du journal la
Caricature.

89 **Denon.** Les Lions de Quadal, eau-forte.

90 **Dulin** (d'ap.). Scènes du sacre de Louis XV.
Lever du roi. Les onctions. Le couronnement. Le
roi mené au trône. 4 p. grand in-folio avant la
lettre.

91 **Fielding** (Newton). Croquis d'animaux; lithog.
8 p.

92 **Galle** *ex.* (Ph.) Repas de seigneurs en riches
costumes, connu sous le nom de repas d'Henri IV.

93 **Gevers** ? Etudes d'enfant. 12 p. très-belles.

94 ... ... Lions de chevaux, avec son portrait. 38 p.

95 — Sujets de chevaux, par et d'ap. lui. 21 p.

96 **Gingembre.** Scènes militaires en Afrique. 6 p.
coloriées.

97 **Girard,** d'ap. Bruloff. Ruines de Pompeï. Avant
l lettre.

98 **Girardet.** Le Champ de Mai, en 1815. Eau-forte
pure, lavée à l'encre de Chine.

99 **Giroux** et Luna. Baucher et Pellier. 2 portraits
équestres en couleur.

100 **Godefroy.** Ossian, d'ap. Gérard.

101 **Grandville** et autres. 109 p. et texte du journal
la *Caricature.* Incomplet.

102 **Gudin**. Marines, par Saint-Aulaire et autres. — *1,75*
12 p.

103 — Le Camp de Staoueli. Encadré. *— 2.—*

104 **Huet** (J.-B.). Jeune Mère tenant des verges et *—7*
menaçant son petit garçon qui vient de lire. Char-
mant dessin au bistre.

105 **Jazet** et autres. Couronnement de Napoléon. — *1,25*
3 p. Différents formats. Bivouac de Cosaques. 4 p.

106 **Johannot**. Le chien du régiment. — Le Trom- *— 5.*
pette mort. 2 p. avant la lettre, d'ap. H. Vernet.
Ont été encadrées.

107 — 33 vignettes avant la lettre pour Walter Scott. — *10,50*
Superbes ép. chine, vol. d.-rel.

108 **Lalaisse**. Costumes de tous les corps de l'armée *— 13,50*
française. 38 pl. coloriées dont 2 sont avec diffé-
rence.

109 — Costumes militaires de la République française. *—7,50*
1848. 38 p. coloriées.

110 — Empire français 1852. 13 p coloriées. *— 3,50*

111 — Cavalerie, Timbaliers, etc. 8 p. in-fol. *— 4.*

112 **Lami** (Eugène). Voyage à Londres et autres. 9 p. — *3,25*

113 — Petits costumes militaires français. 17 p. coul. — *3,25*

114 — Cavalerie française. Environ 10 p. noir et cou- — *4,25*
leur.

115 **Le Blanc**. Pallikare de Kolocotroni, en 1822. — *1,50*
Avant et avec la lettre, noir et couleur. 2 p.

116 — Costumes grecs. Chine et blanc. 30 p. noir. — *8.*

117 — Mascara, Alger et autres. 16 p. noir. — *2,25*

118 — Mascara. Alger. 12 p. en couleur. — *2,25*

119 **Lemud**. Maître Wolframb. Encadré. — *15.*

120 — Les Maraudeurs. Encadré. — *2,75*

6,50 – 121 **Liagno** (T.-F. de). Costumes militaires napoli-
tains. 9 p.

5 – 122 **Malapeau**, d'ap. le chev. Lespinasse. IVe Vue
de Versailles, représentant le moment de la revue
des troupes, avec nombre de figures en costumes.
Sup. ép. toute marge.

5,50 – 123 **Mare** (de). L'aumône, avant la lettre, avec dédi-
cace signée à M. Raffet. Sup. ép. toute marge.

2,25 – 124 — La Perruche, d'ap. J. Steen.

3,25 – 125 — La Fête de Saint-Nicolas, d'ap. J. Steen.

3,50 – 126 — The rehearsal (La Répétition), d'ap. Terburg.

9 – 127 **Marvy** et **Jacques**. 20 eaux-fortes. Cahier très-
rare.

4,50 – 128 **Meynier**. Apothéose de Poussin, Lebrun et
Lesueur. Très-grand dessin pour plafond, lavé.

16,50 – 129 **Monnet** (d'ap.). Journées de la Révolution. 15 p.
in-fol.

2,50 – 130 **Nocchi**. La Madone au Chardonneret, d'ap. Raphaël. Ep. chine.

3 – 131 **Noël** (Léon), d'ap. Signol et autres. Galerie sa-
crée : sainte Geneviève, sainte Amélie, sainte Cé-
cile, saints Pierre, Paul, Jean. 6 lithog. sur chine.

6 – 132 **Orlowski**. Sujets russes, cosaques. Traîneaux à
11 — deux et trois chevaux, etc. 15 p. noir et couleur.
Costumes curieux. Sera divisé.

5,50 – 133 **Oudry**. Le Chien braque en arrêt. R. D. 5.

26 – 134 **Pauquet** et Mecou. Revue du général Bona-
parte, premier consul, d'ap. Isabey et Vernet.
Encadré.

2,25 – 135 **Photographie**. Porte de la Bibliothèque du
Louvre.

2 – 136 **Potel** (d'ap.). La Bretagne, lithog. par divers.
20 p.

137 **Soltykoff**. Voyage dans l'Inde, 16 pl. lithog. grand in-fol. à deux teintes.

138 **Vendramini**. Batailles de Seringapatam. 3 p. — Maida. En tout 4 grandes p. Pourra être divisé.

139 **Vernet** (Carle). Sujets de chevaux, etc. 38 p. lithog.

140 — (d'après). Sujets de chevaux. 20 p. gravées.

141 **Vernet** (Horace). Les Forçats, le Pinde et autres, par et d'après lui. 11 p.

142 **Vignettes** de Johannot avant la lettre, chine, d'ap. Moreau. Anglaises et autres. 41 p.

143 — Bible de Furne, d'après Carrache, Colin, Court, Decaisne, Drouais, Girodet, Gros, Johannot, Murillo, Overbeeck, Poussin, Prudhon, Raffet, Raphaël, Rembrandt, Ribera, Rubens, Van Dyck, H. Vernet. 30 p. avant la lettre, chine, grand papier. Superbe exemplaire.

144 **Volpato**. L'Ecole d'Athènes, d'ap. Raphaël. Encadré.

145 **Watteau** (L.). La 14e expérience de M. Blanchard et du chev. Lepinard. Leur entrée à Lille en 1785. 2 p. par Helman.

146 **Wilkie** (d'ap.). John Knox prêchant, par T. Doo. Lettre grise.

147 Animaux d'Oudry, Desportes, etc. 50 p.

148 Ecole Flamande. Rembrandt, Rubens et autres. Plus de 60 p.

149 Ecole Française. Callot, Lebrun, Poussin, etc. Environ 90 p. Sera divisé.

150 Ecole Italienne. Michel-Ange, Raphaël, Tiepolo, etc. 10 p.

PORTRAITS.

151 **Calamatta.** Masque de Napoléon. Ep. Chine.

152 **Carmontelle** (d'ap). M. de Mairan en pied.

153 **Deveria.** Les Sergents de la Rochelle. Lithog. in-4. Rare.

154 **Edelinck.** Ch. Maurice Letellier, archevêque de Reims.

155 **François,** d'ap. Mercuri. Louis Blanc. Avant la lettre. Chine.

156 **Ingres** (d'ap.). La Fontaine, par Dien.—Molière, par H. Dupont. — Racine, par Pollet. 3 port. en pied, grand in-8, Chine.

157 **Leroy** (J.-J.), 1830. Ransonnette, graveur. Beau portrait in-4. A l'eau-forte.

158 **Monsaldi.** Desaix, — Kléber. 2 port. en pied, in-fol., d'ap Dutertre. Rares.

159 **Sergent-Marceau,** *ad vivum pinx, et sculpt.* Portrait en pied du général Marceau, gravé en couleur. In-fol., ép. rognée et percée. Rare.

160 **Smith.** Le prince Georges de Galles, d'ap. Gainsboroug. Grand in-fol. En pied. Mezzotinto. Très-belle ép.

161 **Barra,** né à Palaiseau, près Versailles. Petit médaillon en couleur, sur satin. Rare.

162 **Cadoudal** (Georges), dit Larive, dit Masson, chef de brigands, etc. En pied colorié, in-4. Rare.

163 **Charlotte Corday,** par Bonneville, Levachez et autres. 5 p.

164 **De Launay,** marquis, gouverneur de la Bastille, par Chenon père, d'ap. le comte de Cagliostro ; au bas, sa tête au bout d'une pique. In 4, en bistre. Très-rare.

165 **Lepelletier** (Michel). Petit profil, médaillon ~ *1.*
rond.

166 **Maillard** (Mlle), de l'Opéra. Profil, grand in-8 - *2,50*
en couleur, par Coutellier.

167 **Marie-Antoinette** et Louis XVI, par Lebeau, - *2,25*
Bonneville et autres. 9 p.

168 **Napoléon I**^{er} en pied, vu devant et de dos. - *1* — *cadre 3.*
2 p., manière noire coloriée imitant des dessins. — *1*

169 — Son fils et Napoléon III. 10 p.

170 — Sujets historiques, batailles. 10 p. Vignettes et – *1*
petit in-fol. Plusieurs Chine et avant la lettre.

172 — Ses habitations depuis sa naissance jusqu'à son - *2.*
tombeau. 6 p. lithog. Chine.

173 — Vue de Sainte-Hélène, chambre mortuaire, fu - - *4.*
nérailles, catafalque, calendrier, tableaux avec colonne, etc. 20 p. Plusieurs grand in-fol.

174 **Nepveu de Bellfille**, costume en pied de – *3.*
garde française sous la république. Belle aquarelle.

175 **Orléans.** Louis-Philippe et ses enfants, scènes - *5.*
historiques, 1830. Enterrement du duc d'Or-
léans, etc. 20 p.

176 **Voltaire** en pied se promenant, 1778. — 36 tê- - *2,25*
tes réunies sur la même feuille. Naudet, 1780.
2 p.

177 Portraits in-8, publiés par Furne. 23 p. — *3,50.*

178 Portraits in-8, publiés par Pourrat. 40 p. Chine. – *15.*

179 Portraits in-8, publiés par Fiesinger, d'ap. Guérin. – *11.*
18 p.

180 — Généraux, d'ap. J· Guérin. Ovales in-fol. 10 p. - *3,25.*

181 Portraits in-8, publiés par Bonneville. 40 p. – *7,50*

182 Portraits divers gravés et lithog. 30 p. – *5.*

183 — en pied pour le Plutarque français, etc. 5 p. - *2,25.*
avant la lettre.

184 Portraits anglais. Elisabeth, etc. 8 p. — *4,25.*

185 Portraits pour l'histoire de France. 20 p. — *1.*

186 — anciens, in-4 et in-fol. 35 p. — *3,75.*

187 Portraits gravés et lithog. Divers formats. Environ 80 p. 4 lots.

188 — Généraux d'Afrique, par B. Roubeaux. 17 p.

189 Petits portraits in-8, lithog. 88 p. (Delpech.)

190 Portraits historiques à l'eau-forte, d'ap. Gabriel. 12 p.

191 — Cardinaux, publiés en Italie. 20 p.

192 Portraits étrangers, divers pays. 12 p. petit et in-fol.

193 — russes. Nicolas Ier. — Alexandre II et autres. Grand in-fol., gravés et lithog., pied et buste. 7 p. Sera divisé.

VUES & COSTUMES

194 **Vues** de Paris et environs. 31 p. lithog. par Ph. Benoît.

195 — de Paris et France. 14 p. gravées.

196 Algérie. Vues, plans, costumes. 23 p.

197 Angleterre et autres. 18 p. gravées.

198 Égypte, Thèbes, Luxor, etc, 13 p. lithog.

199 Espagne et autres lithog. anglaises par Lewis, etc. avec ton. 8 p.

200 — Combat de taureaux. 8 p. par Van Halen.
201 — Vues tirées de Laborde. 24 p. gravées.

202 Italie. Costumes, scènes et vues, noir et couleur. 40 p.

203 — Vues du Colysée, Vatican, colonne Antonine, etc. 10 p.

204 — Deux panoramas de Rome.

205 Russie. Costumes et vues. 30 p. noir et couleur.

206 — Les Cosaques à Hambourg. En couleur, et batailles lithog. en Russie. 5 p.

207 Cartes de l'empire ottoman, 1825, en 12 feuilles, et
autres.

208 **Costumes** des membres du Directoire, Conseil
des Cinq-Cents, Conseil des Anciens, des Tribunaux
et autres. 20 p. coloriées. Rares.

209 — de l'an III. Officier garde nationale, etc. 4 p.
en couleur, par Duflos. Rare.

210 — civils. Hommes, dames, coiffures, par Duha-
mel, d'après de Fraine. 10 p. en couleur.

211 — français anciens tirés des manuscrits et autres.
Au trait, d'ap. Beaunier. 70 pl. et texte.

212 **Costumes militaires.** Archiers, arquebusiers
et autres, par de Gheyn et autres. 80 p.

213 — militaires, divers pays, époque Louis XV, etc.
23 p.

214 — militaires français, Empire et Restauration.
Collection Martinet, coloriés. Plus de 100 p.

215 — militaires français et étrangers. Finart et autres.
36 p. noir et couleur.

216 — Tracé descriptif des objets d'habillement, équi-
pement et harnachement de l'armée française,
1828. 41 p. par Hecquet.

217 — Armes, détails, tir, guidon, faits d'armes, armoiries, etc. 37 p.

218 — Militaires autrichiens. 8 p. par Mansfeld. Coloriées. Rares.

219 — Officier et soldat, régiment de Bunau. — Autre
par Limmer, 1812. 2 dessins, aquarelles.

220 — Armée autrichienne, cavalerie et infanterie.
15 p. Dessins aquarelles.

221 — Holstein, Mecklembourg, etc. 23 dessins aquarelles.

222 — Militaires prussiens, infanterie et cavalerie.
24 p. coloriées.

223 — Militaires anglais, infanterie et cavalerie. 18 p.
en couleur.

224 — Artillerie de tous pays, noir et couleur. 13 p.

225 — Corps d'occupation en Afrique, par de Luna. 6 p. coloriées.

226 — Garde civique française, belge, romaine, exercice de la baïonnette, armée belge, etc. 28 p. noir et couleur.

227 — Amérique, Buénos-Ayres, Dames, Militaires, etc. 8 p.

228 — Batailles d'Amérique, par Godefroy et Ponce. 9 p.

229 — Grecs modernes, par Levilly, Montfort et autres. 31 p. en couleur.

230 — Orientaux, Turcs, Persans, Indiens. 70 p. noir et couleur.

231 — Suisse et armoiries. 10 p. noir et couleur.

232 — Sujets militaires et batailles, Van der Meulen et autres. Austerlitz, Waterloo, revue de Frédéric II. 30 p.

DESSINS & CALQUES

RENSEIGNEMENTS D'ATELIER DIVERS.

233 **Manuscrit.** Notes tirées de l'Histoire de la Milice française, par le père Daniel. 1721, volume de 536 pages avec figures d'armes, costumes, etc. Dem.-rel.

233 bis. **Calques** et dessins, crayons et aquarelles, renseignements d'atelier, tapisserie de Bayeux, costumes corses, grecs. sujets hollandais, etc. 30 p.

234 — Costumes divers des XIVe au XVIIe siècle. 120 p.

235 — Gardes du prince Maurice de Nassau. 47 calques.

236 — Arquebusiers, mousquetaires. 20 calques. — 5,50.

237 — Costumes d'acteur d'opéra, dames et princes- — 30
ses, Louis XIV et sa famille, et les principaux di-
gnitaires. 56 calques sur Bonnart.

238 — Exercice du soldat Louis XV. Gravures et cal- — 2
ques. 30 p.

239 — Costumes militaires, 1792 à nos jours. Dessins, — 8.
aquarelles. 55 p.

240 — Costumes de chirurgiens d'armée, 1767 à 1841. — 2
5 aquarelles.

241 — Algérie. Portraits en pied et équestres des prin- — 71
ces d'Orléans, et généraux, colonels et autres aux
combats de Mouzaïah, Oran, etc. 40 aquarelles et
calques.

242 — Portraits et costumes d'Arabes, Juives d'Alger, — 5
d'Oran. Scènes diverses, Mascara et autres. 60 aqua- — 71.
relles, etc.

243 — Vues d'Oran, Blidah et autres. 9 aquarelles. — 19.

244 — Maison du dey, Palais de Mustapha à Alger. — 1,75.
6 aquarelles et calques.

245 — Vues d'Alger, scènes de marches de troupes, — 21.
détails. 83 calques et aquarelles, renseignements
d'Algérie, Médeah, Portes de fer, etc.

246 — Russie. Traîneaux et drowski. 2 aquarelles. — 8.
Collman.

247 — Vues de Bucharest, costumes, etc. 17 calques — 4,75.
et aquarelles.

248 Dessins chinois, groupe de deux figures. 2 cadres. — 6,50
— 2.

24 pièces

OUVRAGES A FIGURES, LIVRES.

249 **Adam** (Albert). Campagnes de Napoléon en Rus- — 2,75.
sie. Voyage de Willemberg à Moscou en 1812.
Dans un portefeuille.

6— 250 **Ambert**. Esquisses de l'armée française. 16 pl. et texte. L'eau vol. in-fol., d.-rel.

11,50— 251 Armoiries de la salle des croisades au Musée de Versailles. Couleur, d.-rel.

40— 252 **Burgmaer** (H.). Scènes de la vie de Maximilien. En bois, avec texte, 1775. Fort vol. carton.

15— 253 **D'André Bardon**. Costumes des anciens peuples, 1784. 4 parties en 1 vol. d.-rel.

16— 254 **Denon**. Voyage en basse et haute Egypte. 1 vol. in-fol. Ép. sur Chine, d.-rel.

6— 255 **Flaxman**. Jours de la théogonie d'Hésiode, d.-rel.

57— 256 **Herbé**. Costumes français jusqu'à 1834. Lithog. coloriées, d.-rel.

37— 257 **Prudhomme**. Révolution de Paris. 21 vol. avec fig., dont 7 vol. reliés.

6— 258 **Sandrard**. Iconologia Deorum. Relié.

105— 259 **Vandermeulen**. Son œuvre, en 122 p. Ancien et bel exemplaire d.-rel.

9— 260 **Vernet** (Joseph). Ports de France. 18 p. grand in-fol. d.-rel.

1,50— 261 Anatomie. 15 pl. lithog. et texte, d.-rel.

1,75— 262 Ostéologie, par Sue. 14 pl. gravées. Carton.

8,50— 263 Théorie militaire et ordonnances. 1766. 1 fort vol. avec texte.

4— 264 Exercice d'infanterie française, 1757. Gravé par Baudoin. Broché.

2,75—265 Art militaire sous Louis XV. 56 pl. Carton.

11,50— 266 Panoplies, diverses époques.

21— 267 L'Ecole des armes, par Angelo, 1763. 42 pl. d.-rel.

6—268 Recueil d'objets d'art, par Jolimont. 21 pl. d.-rel.

13—269 Tableaux de la Révolution. 72 pl. et texte, in-fol., d.-rel.

5,50—270 Victoires et conquêtes des Français, 1792 à 1815. Gravures au trait, texte, oblong, d.-rel.

271 Journal militaire, 1791 à 1838.

272 Journal des dames et modes (costumes parisiens),
publié par de la Mesangère. 29 volumes.

273 Environ 300 volumes Vasari, Histoire des peintres.
12 vol., fig. Brochés. — France militaire. 5 vol.,
fig., d.-rel. — Dulaure, Environs de Paris. — Lord
Byron. — La Harpe. — Campagnes d'Espagne. —
Buffon. — Paul-Louis Courrier. — Thiers, Révolution française. — Histoire d'Angleterre. — Roland
furieux. — Histoire de Napoléon. — Rollin. —
Constantinople. — Le Rhin. — Asie-Mineure, etc.,
etc., etc.

274 Nombre de portefeuilles vides.

275 Sous ce numéro, les objets que le temps n'a pas
permis de cataloguer.

Renou et Maulde, imprimeurs de la Compagnie des Commissaires-Priseurs,
144, rue de Rivoli.   9819